Lasse Los

EIS-Zeit - EYES-Zeit - eYES-Zeit

Lasse Los, Jahrgang 1947, Diplom-Pädagoge und Psychologe, Liedermacher und Dichtender, kurzum: Passionierter und mittlerweile pensionierter Mitmensch, beruflich in verschiedenen sozial-pädagogischen und psychologisch beratenden Feldern, auch spirituell begleitend, kreativ tätig gewesen, seit mehr als fünfundzwanzig Jahren seine Lebensweisheiten (ver)dichtend aktiv.

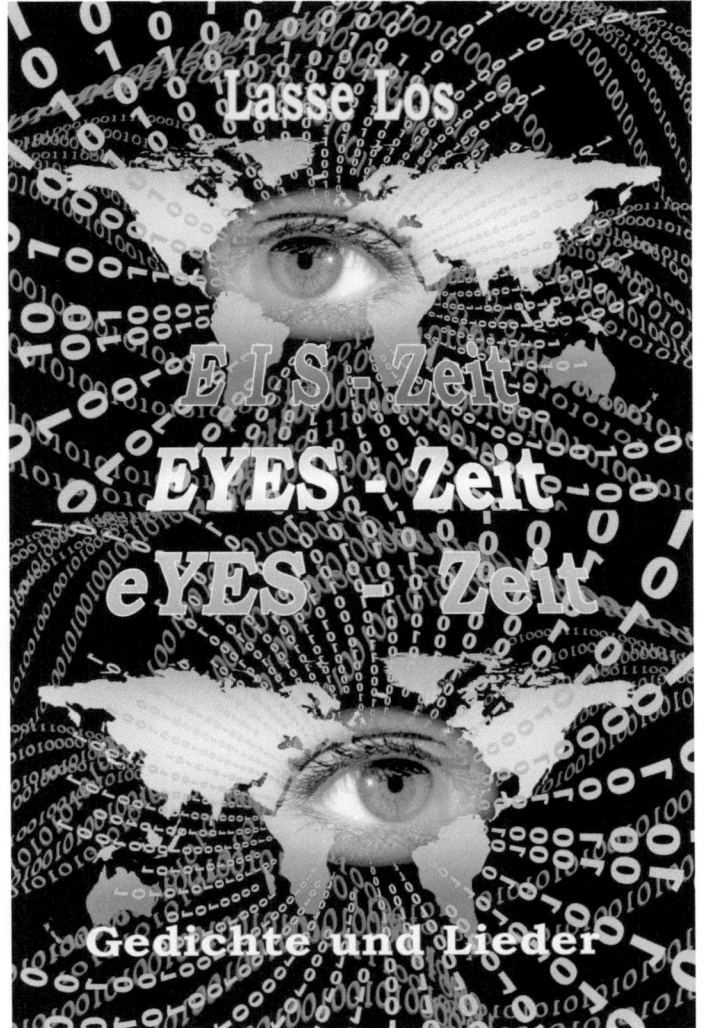

Lasse Los

E I S - Zeit

EYES - Zeit

eYES - Zeit

Gedichte und Lieder

Bibliografische Information der Deutschen Nationalbibliothek:
Die Deutsche Nationalbibliothek verzeichnet diese Publikation in der
Deutschen Nationalbibliografie; detaillierte bibliografische Daten sind im
Internet über http://dnb.dnb.de abrufbar.

Umschlaggestaltung: Lasse Los
Edition LOS Band 17
lasselos@email.de

Herstellung und Verlag:
BoD - Books on Demand,
Norderstedt

ISBN 978-3-7543-9636-0

Inhaltsverzeichnis Seite

Vorwort

Im Rahmen meiner Jugendkulturarbeit organisierte ich mit Jugendlichen und jungen Erwachsenen der Projektgruppe KuMuLi (Forum für Kunst, Musik und Literatur) zweimal jährlich Jugendkulturtage, jeweils unter einem kreativen Motto, z.B. Out-of-Frame, ARTiSCHOCKe, Hinz und Kunst - Hin zur Kunst, Mindstrip und weitere.

Es fanden neben anderen interaktiven Angeboten Kunstausstellungen jugendlicher KünstlerINNEN, Musik-darbietungen jugendlicher Bands und Lesungen jugendlicher SchriftstellerINNEN und DicherINNEN statt.

Bei den Jugendkulturtagen im Oktober 1999 unter dem ausgefallenen Motto „EYES-Zeit" bot auch ich eine Lesung meiner Gedichte, Aphorismen und Lieder zur Thematik als „ABC der EYES-Zeit" mit dem Titel: „EIS-Zeit - EYES-Zeit - eYES-Zeit"an .

Da sie eine zeitlose ist, präsentiere ich in diesem Band eine überarbeitete und leicht erweiterte Fassung.

Prolog

Krise – Chance

Ausgespart und eingesperrt!
Haarrisse im Mauerwerk
künden vom schleichenden Fall,
locken schon überall.

Sich eingespart, sich ausgesperrt!
Was ist noch erstrebenswert?
Starre kriecht durch alle Poren,
letzte Wärme ist erfroren.

Eingezurrt und ausgezehrt!
War der Weg vielleicht verkehrt?
Leises Rauschen, stummes Tauen.
Weite weht Dich an im Schauen.

Das A-B-C der EYES-Zeit

EIS-ZEIT

EYES-Zeit

eYES-Zeit

in drei-

fa-

chem

Durchgang

EIS - ZEIT A

Was für ein Leben!?

Dies` Gefühl, getrennt zu sein,
abgetrennt vom Ursprünglichen.
Dies` Gefühl, Event zu sein,
aufgeblüht und schon verblichen.

Dies` Gefühl von Nebelschleiern
im alltäglichen Getriebe.
Dies` Gefühl, nur auszuleiern
ohne Hass und ohne Liebe.

Was ist das nur für ein Leben?
Es ist doch viel mehr versprochen!
Was ist da bloß angebrochen?

Sie treibt gnadenlos daneben,
diese Lust, Event zu sein
und nicht auch Präsent-zu-sein.

Lauter Menschen

Suchte
lauter Menschen.
Fand lauter leise,
lauter laute,
doch selten
lautere.

Koan

Lauter Mensch
ist
selten
lauter!

Diesseits von Schachmatt

Verschlagen sich den Atem

und halten sich

in Schach.

Und

könnten

sich doch freier

atmen lassen, unverzollt,

diesseits von Schachmatt.

Soll
sie nun auch
sich selbst verkaufen?

Nach Jahren ruft sie bei mir an
und teilt mir mit, ihr ging es gut.
Sie habe einen neuen Mann und
wieder reichlich Lebensmut.

Sie arbeite mit feinen Herr`n,
verkaufe ihnen Luxus-Güter.
So manch` ein Käufer wäre gern
auch ihres Schoßes Luxusmieter.

Die Angebote lägen vor! Soll sie
nun auch sich selbst verkaufen
und unter „Edelhure" laufen?
Wird sie es öffnen, dieses Tor?

Am Telefon klingt sie verwegen.
Ein solches Lieben reize schon!
Natürlich auch der Luxus-Lohn!
Ihr Lebenspartner aber sei dagegen!

UND DAFÜR EUER LEBEN LASSEN?!

UND DAFÜR MUSSTET IHR NUN STERBEN!
DER GRUND, ER WURDE JETZT BEKANNT:
WIE EURE FIRMA SICH AUCH WAND:
SIE STÜRZTE EUCH IN DAS VERDERBEN!

DER ILLEGALE TALKUM-ABBAU,
GENEHMIGT DURCH DIE GRUBENLEITUNG,
WAR SCHULD AM KATASTROPHEN-GAU!
SO STEHT ES HEUTE IN DER ZEITUNG!

UND DAFÜR MUSSTET IHR KREPIEREN!
FÜR JENE GIER NACH MEHR PROFIT!
FÜR UNSEREN GESELLSCHAFTSKITT,
AUF DEN NICHT NUR DIE REICHEN STIEREN!

UND DAFÜR EUER LEBEN LASSEN?!
ICH KANN ES IMMER NOCH NICHT FASSEN!

*(Für die zehn tödlich verunglückten Bergleute
in der Talkum-Grube in LASSING/Österreich
nachdem der illegale Talkum-Abbau, der zur
Katastrophe führte, bekannt wurde!)*

Verbessert**er**es Leben?

Schaut Euch
doch einmal um:
Da hat sie also hingeführt,
die ungestillte Sehnsucht nach
dem ver-bes-ser-te-ren
Leben!
Das
kommt davon,
wenn die Ver-kehr-ten
das Richtige zu tun vorgeben:
Und alles nur für sich verwerten
im emsig-eifrigen Bestreben,
das Weltprofil zu häuten,
damit es allen besser geht,
es gründlich auszubeuten,
bis es erbarmungslos nur
noch in Fetzen steht.

Kleiderstopp!

Die
Entfremdung mehrt sich!
Deine Gier verzehrt Dich!
Du kaufst Dir noch ein Hemd!

Dein Kleiderschrank ist übervoll,
hat keinen Platz mehr, nicht einen Zoll!
Doch maßvoll leben ist Dir fremd!

Und ratlos
stehst Du da und fragst Dich:
Wohin nun mit dem neuen Hemd?
Und eine Einsicht nähert sich:

Brauchst dringend einen Kleider-Stopp!
Dein Wucherwahn muss aus gekämmt
werden und nicht der Kleider-Shop!

Die unbedingte Verfügbarkeit

Es wuchert die Verfügbarkeit der Dinge
in einem Übermass, das schleichend uns verroht.
In ihrem Dschungel lauert manche Schlinge,
die uns mit dem Erstickungstod bedroht.

Sie pflegt uns um die Brust die alten Ringe,
die wir mit ihr doch längst zerschnitten glaubten.
Seht her! Sie führt sie nicht, die Freiheitsklinge,
wie alle Gläubigen es immer noch behaupten!

Im Gegenteil, sie ist der Slavenhalter,
den wir für uns im Datenrausch erwählt.
Nur Noch-Verfügbares ist das, was zählt
für alle neu versklavten Zeit-Gestalten.

Und längst bereit, uns schonungslos zu fügen,
erstreben wir das „Schöne-Neue-Welt"-Vergnügen!

Weihnachten

Schau an!
Sieh` da! Es ist soweit!
Die stille, ach so stille Weihnachtszeit
bricht wieder an! Doch hören wir
die Stille nicht! Wir haben sie
geblendet, uns taub gemacht,
jetzt rächt sie sich und lacht
und lacht uns dröhnend
aus. Doch kümmern
wir uns darum
nicht.

Auch
wenn die Welt
im Chaos schwimmt:
Hauptsache, unser Feeling
stimmt und unsere weihnacht-
liche Glut im Sturm wüster
Geschenkeflut.

Lied: Uns maßlos wuchernd ausagieren*

1. Str.: Verstümmeln wir uns eifrig weiter,
verschmutzen sorglos unser Umfeld.
Wir wollen uns noch mehr verbreitern,
weil uns das eben so gefällt.

Refr.: „Sich maßlos wuchernd ausagieren!"
ist die Devise, die uns führt.
Dass wir dabei uns selbst verlieren,
hat uns nur selten angerührt.

2. Str.: Wir schrei`n, dass man die Umwelt schützt
und machen diese Mode mit,
doch nur soweit, wie sie uns nützt
und unserm weiteren Profit.

Refr.: „Uns maßlos wuchernd ausagieren!"
Diese Devise soll uns führen!
Dass wir dabei zu früh krepieren,
wird wohl die meisten kaum berühren.

(* Lied mit Noten und Akkordsymbolen siehe Anmerkung Seite 124)

EYES-Zeit A

Ob Dichterwort
noch heilen
kann?

Immer
schneller, fort,
nur fort, weiterrasen!
Noch perfekter, Ort für Ort,
endabgrasen!

Und die Menschlichkeit,
Hort um Hort, weggeblasen!
Opfermord uralt-neuer gnadenloser Religion:
Unerbittlicher Glauben an das Fortschritts-Opium!

Ob Dichterwort, als Widerpart,
noch heilen kann den Wucherwahn,
den Todessport als Lebensart
der Gegenwart?

Mahn-Sinn gegen Wahn-Sinn

Nein, ich mache Euren Wahnsinn,
den Ihr auslebt, nicht mehr mit.
In mir rüttelt es, der Mahnsinn
setzt den radikalen Schnitt
gegen die Verwucherungen
Eurer gier-af-fi-gen ART.

Sie ist in Euch vorgedrungen,
überdröhnt die GEGENWART,
die noch heilsam in Euch tönt:
Haltet ein! Ihr lebt verkehrt!
Und schaut das, was Euch versehrt.

Ihr habt Euch zu sehr verwöhnt!
Euer Wohlstands-Wucher-Wahn
hat Euch angekrankt: Verloren
ist man auf solch` einer
Bahn. Seid Ihr dazu
auserkoren?

Eure Gier nach
Noch-Mehr-Leben lässt
Euch nur am Noch-Mehr kleben!
Nein, ich mache Euren Wahnsinn,
den Ihr auslebt, nicht mehr mit!
In mir rüttelt es: Der Mahnsinn
setzt den radikalen Schnitt
gegen den gelebten
Unsinn!

Auswurf-Zeichen

Große Menschen-Welt-Entwürfe
werfen Fragen auf und ab.
Was ist ihnen vorzuwerfen?

Entwirf` uns Deine Vorwürfe
gegen allzu vorschnelle,
absolute Welt-Entwürfe.

Zeig` uns die Verwerfungen
konkret verwürglichter Entwürfe
der EINEN-WELT, in denen wir
nur noch der Auswurf selber sind.

Große Menschen-Welt-Entwürfe
werfen Fragen auf und ab.
Was ist ihnen vorzuwerfen?

Wie sollen wir uns gegenschärfen?
Achten wir auf ihre Auswurfzeichen!

Engel-Sicht

Ein
Blut-Egel
kennt keine
Engel!

Seine
enge
Sicht
erlaubt
ihm keine
Engel-Sicht!

Weise Weise

Nur

in der Weise,

in der er Weises weiss,

weist er

sich aus

als Weisen.

Sinnentraum

Träumt
ein Sinnen
in den Sinnen.

Spinnt sich ein ins bunte Treiben.

Träumt ein Hören, träumt ein Sehen,
träumt von Höherem:

Vom Erwachen,
vom Verlassen
allen Traumes,

vom Betreten eines Raumes
leibhaften Sinnens mit den Sinnen.

Alle Menschen werden
als Original
geboren

Alle Menschen
werden als Original geboren,
die meisten aber sterben als Kopie.

Wer als Kopie stirbt,
war eine Fälschung seiner selbst.

Und auf dem Sterbebett
wird er es bereuen,
dass er das Original,
das er ist, nicht gelebt
hat in seiner Lebensfrist.

Seitenwechsel
Oder:
Welche Saite soll erklingen?

Ich

kam,   kam,

sah   sah

und

packte   packte

mich ein   mit an

und   und

entzog

mich labernd   mit-redend

dem

Stachel   Problem

des   den

Problems   Stachel

Zwo-Drei-Achtel-Achtung?

Wie soll

ich den denn achten,

der sich als Zwo-Drei-Achtel-Mensch

verlebt, sich menschlich zu entmachten

strebt in seiner SELBST-Verdünnung?

Wie soll

ich den denn achten,

der nur im Zwo-Drei-Achtel webt

und an den kollektiv verkrachten

Wucher-Wahn-Strukturen klebt?

Ich

meinerseits

will danach trachten,

mein Menschsein tiefer auszuloten,

um mich nicht vorschnell auszubooten

in all` den Zwo-Drei-Achtel-Schlachten.

Was Ihr von mir erwarten könnt!

Ihr
seid dabei,
sie auszuweiten,
die eigenen Begehrlichkeiten.
Mir dafür meine Zeit zu rauben,
werd` ich Euch niemals mehr erlauben!

Ich weigere mich, mitzutun,
bin Adler und kein Luxushuhn,
das seiner eigenen Gier verfällt,
weil es sich für einmalig hält.

Was Ihr von mir erwarten könnt`,
ist mein Bemühn, Euch klar und rein
zu künden von dem Adler-Sein,

das Ihr im Hühnerhof verkennt,
bis Ihr erwacht und es begreift:
Das Edle, das längst in Euch reift!

Lied: Bildsequenz im Lebensfilm*

Refr.: Du bist wie eine Bildsequenz
        Im bunten Film des Lebens! *(2 x)*

1. Str.: Doch wenn Du Dich dem Film entziehst,
         im Kreisen um Dich selber fliehst,
         verlebst Du Dich, verpuffst Du Dich
         vergebens!

Refr.: Du bist wie eine Bildsequenz
        Im bunten Film des Lebens! *(2 x)*

2. Str.: Wenn Du mit Dir den Film beschenkst
         und nicht nur an Dich selber denkst,
         dann strebst Du nicht, dann lebst Du nicht
         vergebens!

Refr.: Du bist wie eine Bildsequenz
        Im bunten Film des Lebens! *(2 x)*

3. Str.: Entscheide Dich nun, was Du willst,
         womit Du Dir Dein Leben füllst.
         Damit am Ende es nicht schreit:
         Vergebens!

Refr.: Du bist wie eine Bildsequenz
        Im bunten Film des Lebens! *(2 x)*

(* Lied mit Noten und Akkordsymbolen siehe Anmerkung Seite 124)

eYES – Zeit A

LEBENs-Aufwinde orten

Am Hang ein Paragleiter,
der stetig Höhe noch gewinnt.
Spiralig kreist er weiter im
un-sicht-ba-ren Aufwärts-Wind.

Ich schau ihm zu und hab` den Eindruck,
als ob die Schwerkraft jetzt hier spinnt.

Beim Schauen geschieht in mir ein Ruck!
Und es zerbricht, es taut, zerrinnt, was
mich der Schwerkraft überschreibt.

Und ich gewahr` den Geisteswind,
der mich durchweht bei meinem Sprint
durch`s Leben, der mich weitertreibt,
die LEBENs - Aufwinde zu orten
in meinen eigenen Dichterworten.

Quellen finden

Was mich verbog und beugte,
das blieb mir lang` verborgen.
Was mich im Geheimen zeugte, ver-
sprach mir still ein besseres Morgen.

Ich rang um meine eigene Spur,
die ich nur selten einmal ahnte.
Ich suchte eine Lebensschnur,
die mich an meinen Weg
gemahnte

durch`s Labyrinth
der Würg-lich-kei-ten,
der knotigen Vergangenheit,
bis hin zu lichteren Gezeiten
und unverstellter Herzlichkeit.

Nun fand ich, was ich immer suchte,
gewahrte endlich diesen Quell`,
an dem ich ja schon immer ruhte.
Doch wird es jetzt erst in mir hell.

Ich schaue nun, was mich da fand,
was mich schon immer an sich band,
mich heimlich nährte und bewahrte.
Jetzt erst gewahre ich dies` Zarte,

das mich geleitet, das mich tränkt,
das mich behutsam weiter lenkt,
doch nur, wenn ich ihm ganz vertraue
und mir nicht selbst den Weg verbaue.

Ich will nun still ihm zugehören,
in seiner sanften Weise leben, will
mich durch anderes nicht betören,
denn nur sein weiches starkes Weben
kann mich aus meinen Angeln heben.

Meine Richtung

Ich
gehöre
keiner Schule an,
keiner Richtung!

Meine Richtung
ist die
Aufrichtung!

Aufrichtung

Nur
wer sich
aufrichten lässt,
kann wirklich
etwas
ausrichten,
ohne Schaden
anzurichten.

Freigegeben

Du
bist ein Baum
und nicht Gebüsch!
Es ist Dir freigegeben,
als Baum Dich auszuleben.
Hör` nicht auf das Normalgezisch,
am Buschgemässen nur zu kleben!

Entwinde Dich dem Buschgemisch!
Du sollst zu Höherem streben,
Dich himmelwärts erheben.
Du   bist
ein   Baum
und
nicht
Gebüsch!

**Du Bist Dir
Freigegeben!**

Ja um JA

Ja um JA,
offenbar verborgen,
zeugt DICH in dir.

Jahr um Jahr,
offenbar verbogen,
zeigst dich DIR nicht.

JA um JA
trotz heilend dir:
sei sein Zeuge,
ja um JA,
jahrein - jahraus.

Manchmal trifft mich ein Gewahren

Manchmal
trifft mich ein Gewahren,
und ich lausche, staune, schaue!

Und es bricht ein Dank mir an!

Und ergießt sich, und ich trinke,
viel zu hastig, und es fasst mich
ein Gebaren, alles zu er-
greifen, zu bewahren.

Schon erlischt
mir lichtendes
Gewahren!

Und ich
warte und bereue,
doch ich zehre von dem
zarten Augenblick, der
trotz meiner Gier
mich ziert.

Ins befreiende Zugleich

Vor allem interessiert mich eins:
Der Haarriss im Gemäuer,
den Ihr so häufig überseht,
die Lücke im Geschlossenen,
an der Ihr meist vorüber geht,
die Botschaft an der Kerkerwand,
die Ihr als Wandschmuck missversteht,
und die Euch doch ganz leise warnt
vor selbstgewähltem Bunkerreich,
Euch dies als Kerkerhaft enttarnt,
vom Miteinander-Sonnen-Reich
in größerer Freiheit kündet,
Euch zur Befreiung mahnt
und Euch den Weg pfadfindet
für Euren eigene Durchbruch
in das befreiende Zugleich.

Lebensfreude

Gegen Deine Lebensgier
hilft Dir keine Gegen-Gier.
Mit ihr sollst Du einfach leben,
aber immer danach streben,

sie in ihren Todesbissen
zu sich selber wach zu küssen,
zu dem ursprungsoffenen Halt
der Prinzessinengestalt.

Königlich verwandelt sie sich,
gibt sich hin für Dich als Lehen,
hilft Dir aufrecht zu bestehen.

So verwandelt sie auch Dich,
nimmt mit Dir manche Hürde
auf dem Weg zu Deiner Würde.

Basta!

Ich bin nur da, um da-zu-sein,
ganz ohne Wenn-und-Aber.
Ich lache über das Gelaber,
dem Nutzen sich nur noch zu weih`n.

Allein der Nutzen nützt sich ab,
und nutzlos, schutzlos gehst Du unter.
Was nützt der Nutzen Dir im Grab?
Er macht Dich auch nicht wieder munter!

Ich bin nur da, um da-zu-sein,
ganz ohne Wenn-und-Aber.
Ins nutzlos-nützliche Gewaber,
da werd` ich mich nicht mehr einreih`n.

Ich bin kein nützlicher Idiot,
kein Nützlichkeiten-Patriot!
Ich bin ganz einfach da,
um da-zu-sein! Basta!

Lied: Einfach leben!*

Refr.:   *Einfach leben, einfach leben! (4 x)*

1. Str.:   Kreatives Eigenleben!
Unverwechselbares Beben!
Nicht an Konventionen kleben,
sondern neue Muster weben!
Originalität freigeben
und sich aufrichtend erheben!

Refr.:   *Einfach leben, einfach leben! (4 x)*

2. Str.:   Und das Knebeln und Vernebeln
aus den rostigen Angeln hebeln!
Denen, die daneben schweben,
weisende Impulse geben,
dass sie Sich-Rund-Um erleben
und nach EIGEN-Tönung streben!

Refr.:   *Einfach leben, einfach leben! (4 x)*

(* Lied mit Noten und Akkordsymbolen siehe Anmerkung Seite 124)

EIS-ZEIT B

Im Westen

Auch

Ostern spielen

sie

Western!

Ost^{ern}wärts

Mit der Erde gehen, meint:

Sich einfach ostwärts drehen lassen

von ihr und nicht westwärts streben,

westernwärts überleben wollen

gegen alle anderen,

sondern

sich und

seinesgleichen

osternwärts erheben.

Eiliger Geist

Ein eiliger Geist lockt Dich
zum atemlosen Spiel mit
Deinem antastbaren Leben.
Verspricht Dir anteilig Gewinn
und trennt Dich ab und bricht Dich ein,
wenn Du ihm folgst, und treibt Dich
gnadenlos daneben.
Und könntest
doch, atem-
befreit, untadelig
im einzig unteiligen
Geiste mit vielen anderen
friedlich und freundschaftlicher leben.

Zeitvertrieb

Zeitvertreib

mit Raumverschluss.

Fleißverschleiß und Überfluss.

Raumverschleiß im Zeitverschluss.

Zeitgerecht und Guss-in-Guss.

Seitenweise Überdruss.

Wie sie haften!

Und sie schafften, und sie rafften,
und begafften, was sie schafften,
und sie strafften sich von neuem,
und sie schafften, und sie rafften,
und begafften, was sie schafften,
und sie strafften sich von neuem,
und sie schafften, und sie rafften,
und begafften, was sie schafften,

. . .

und, und, und,
...und aus!

MODERNE HOLZWEGE

JETZT

GEH'N WIR

WIEDER

SACK-GASSI!

Alle Macht den Uhren!?

Alle Macht den Uhren
ist das Motto unserer Zeit.
Leben nur auf Hochtouren
überall, weltenweit.

Alle Macht der Tyrannei,
unsere Zeit zu schänden,
in der Zeitsklaverei
uns gestundet zu verpfänden.

Alle Macht den Fresskulturen,
stressgetränkt, konsumgeweiht.
Alle Macht den Uhren:
alle-gemacht für alle-zeit.

Western Lifestyle

Immer stur auf der Spur:
Dur-in-Dur!
Ist das Soll endlich voll:
Moll-in-Moll!

Hagelvoll! Leben pur!
Aus der Spur
der Glasur! Rasend toll:
Dur-in-Moll!

Nach der Tour wieder nur
neue Schur,
weiter stur in der Spur:
Pur-in-Dur!

Zum Wort: Sofort!

Wer
alles sofort
haben   will,
der ist nicht da,
ist immer fort
und frisst
deshalb

in
einem fort
und wird doch
nimmer satt.

Wer Anti ist

Wer
Anti ist,
ist selten Pro,
dafür   jedoch
meist   Kontra.

Das Anti schwärzt
Dich merklich ein,
das Kontra brennt
Dich kärglich aus.

Am Ende schmerzt
Dich nichts mehr
so wie manches
Pro.

Du
probst nur
noch Dein Anti
und   Dein
Kontra.

Wieder Wahlkampf

Wieder Wahlkampf, wieder Zeit
der vereinfachten Parolen.

Wieder Schreikrampf, Widerstreit
vor so manchen Mikrofonen.

Wieder Besserwisserei
wider besser`es Wissen.

Wieder werden Wählermassen
strategisch klug beschissen.

Wieder endet das Spektakel
in der Wiederwahl all` der-
selben Widrigkeiten.

Versprecher

Der

Sprecher

einer rechten Partei

leistete sich folgenden Versprecher:

„Wir haben auf unserem Parteitag

ein neues Partei-Pogrom

verabschiedet!"

Macht
vor Recht?

Macht vor Recht

macht sich nicht schlecht,

rechnet sich nur kurzfristig,

letztlich aber rächt

es sich.

Kontrollierter Absturz!?

Kann es denn sein,
dass es zu spät zur Umkehr ist?
Ich wage den Gedanken kaum zu denken!
Ist sie vielleicht schon abgelaufen, unsere Frist,
den Irrweg der Zerstörung umzulenken?

Kann es denn sein,
dass wir im Absturz uns befinden,
den wir vielleicht noch kontrollieren können,
wenn wir uns zu ihm blendungsfrei bekennen,
und uns an seine Absturzregeln binden?

Kann es denn sein,
dass wir den Absturz nicht bemerken?
Ist seine Möglichkeit vielleicht nicht programmiert?
Kann es denn sein, dass wir uns so bestärken
mit dem, was in den Untergang verführt?

Ist unser Absturz nicht mehr abzuwenden,
weil wir im Fortschrittsglauben uns verwahnten,
und uns im Höhenflug total verplanten,
dann sollten wir ihn kontrolliert vollenden!

System-Fall

Systeme fallen nicht allmählich,
Systeme kippen plötzlich um!
Veränderungen künden sich
schon früher an, doch
meist nur stumm.

Sie werden
erst einmal verdrängt,
weil sie Gestörtes stören.
Wer will schon darauf hören,
dass sich das Ganze selbst falsch lenkt.

Systeme fallen schlagartig! Die Vorwarnzeit
ist nicht sehr lang. Und bald schon macht
den Untergang kein Rumkurieren
rückgängig.

Unheilszeichen (Lied)*

Schon erreichen uns die Zeichen

einer schlimmen Wandlungstour

und verkünden uns die Sünden

unsrer Wucher-Wahn-Kultur:

Die Bedrohung und Verrohung

auf maßloser Kahlfraß-Spur!

Doch die Zeichen,

sie werden weichen,

und das Unheil, es kommt pur.

Wenn wir uns nicht bald umwenden,

wird der Planet brutal verenden

in einer selbstgewählten Untergangstortur.

(* Lied mit Noten und Akkordsymbolen siehe Anmerkung Seite 124)

EYES-Zeit B

Überraschung?

Wieder
geht ein Jahr zu Ende.
Zeit zerrinnt im Dauerlauf.
Wir durchleiden eine Wende
im Jahrtausend - Aus-ver-kauf.

Wird im kommenden Jahrtausend
eine Korrektur gescheh`n aus
verlebtem Saus und Braus?
Ob wir doch nicht
untergeh`n?

Haben
die vielleicht doch recht,
die von Mutation uns raunen,
lernen wir erneut zu staunen
im alltäglichen Gef lecht? Dem,

was mich schon früh umfing, trau`
ich in der Chaos-Suppe: Stirbt
die Raupe, stirbt die Puppe,
überrascht der Schmet-
terling!

Erwachen und Gewahren

Nach dem Erwachen aus dem Traum
such` ich die Botschaft zu verstehen.
Ich will in meinem Lebensraum
nun traumgeläutert weitergehen.

Der Traum, er spiegelt mein Gelebe
in eindrucksvollen Bildern.
Er warnt vor selbstverliebter Schwebe,
in der ich drohe zu verwildern.

Er weist mir auch den Weg ins Freie,
heraus aus selbstverstrickter Haft
und zeigt mir, wie ich recht gedeihe,
enthüllt mir meine Wachstumskraft.

Wie ist es nun im Wachzustand,
den wir im Alltag stets erfahren?
Durchweht denn dieses Alltagsland
auch ein erwachendes Gewahren?

Erbarme Dich nun Deiner

Er-

lahmt bist Du

im Außen-Dienst

an fremden Rahmen.

Sie haben Dich umgarnt,

umarmt und abgesahnt,

Dir Deinen eigenen

Rahm entrahmt.

Erbarme

Dich nun Deiner,

entsage aller fremden Rahmung

und finde rahmenfrei zu Deinem eigenen Rahm.

Anbiete Dir doch eine Zeit

Anbiete Dir doch eine Zeit

im Jetzt und Hier,

in der Du Dich,

ganz innerlich,

im Neben-Dir

ein - bet - test

zum Lauschen,

zum Gewahren,

bis es Dich fasst

in Deiner Hast,

und sie Dir birst,

Du neu gebettet wirst

in größerer Anwesenheit.

Kein Eigen ohne Schweigen

Um Kopf und auch um Kragen

schwätzt Du Dich fort und kannst

schon lange nicht mehr schweigen.

Wer soviel reden muss wie Du,

der nennt nicht viel

sein Eigen.

Wen Stummes zeugt

Wen Stummes zeugt,

der

redet

meist viel

Dummes Zeug.

Alle Hände
voll zu
tun?

Wer
alle Hände
voll zu tun hat, wie
will der noch empfangen,
was sich ihm nur in
leere Hände
legt?

Halt` an!

Halt an!

Kehr` ein! Gewahre!

Und es ersteht Dir

ein Geschehen,

ganz nebenbei,

wie aus Versehen!

Und es geschieht

Entscheiden-

des!

Schweigen

Schweigen

taut

das Eisig-Laute

und

läutert die Erläuterungen

und

läutet die Erleuchtung

ein.

lauter stille

der

lärm ist laut,

die

stille ist

lauter

Tiefer graben!

Wirst seh`n,
es bringt ihn aus dem Lot!
Wenn er ein Leuchten hier im Kot
erspäht, so wird er ihn begehren
und jener Einsicht wehren:
Kot ist nicht in der Lage zu
leuchten, denn er ist nur Mist.
Er wird den Kot verehren,
die Seele sich verheeren.
Bis er im Scheitern
dann gewahrt:
Der Dia-
mant,
der
in
den Kot
gefallen ist und
dort in Not
versun-
ken,
erstrahlt, durch-
klart den ganzen Mist!
Du musst nur tiefer graben,
um Dich am Edelstein zu laben!

Diamantener Imperativ

Den
gefall` nen
Dia- man-
ten, den
im Kot
ver- sun -ke-
nen, den
sollst Du
verehren!
Und
nicht
den Kot,
aus dem er strahlt
weiterhin begehren!

Lied: Bin ich oder spinn` ich?*

Refr. I: Bin ich oder spinn` ich? Bin ich oder spinn` ich?
Bin ich oder spinn` ich: So bin ich!

1. Str.: Ach, wie oft spinn` ich mich ein,
hause in dem „Missing-Link",
nur halbwach im Dämmerdasein,
das den Menschen vom Affen trennt.
Und ich gäre eine Zeit vor mich hin,
in dem Zustand heimeliger Affenmenschlichkeit.

Refr.II: Wann endlich werd` ich gar sein?
Wann wird` ich gar sein?
Wann endlich wird` ich klar sein?
Wann werd` ich klar sein?

2. Str.: Ach, bisher steht mir der Sinn
selten nur - jahraus, jahrein —
nach dem verborgenen
Mensch-Menschen,
der ich im Tiefsten bin.
Und ich gäre eine Zeit vor mich hin,
in dem Zustand heimeliger Affenmenschlichkeit.

Refr.II: Wann endlich werd` ich gar sein?
Wann wird` ich gar sein?
Wann endlich wird` ich klar sein?
Wann werd` ich klar sein?

Refr. I: Bin ich oder spinn` ich? Bin ich oder spinn` ich?
Bin ich oder spinn` ich: So bin ich!

(* Lied mit Noten und Akkordsymbolen siehe Anmerkung Seite 124)

Human-Evolutiv

Einsam
Zweisam
ACHTsam

Der Bruch der Wandlung

Was   hat   mich   da   ergriffen?
Wer   hat   mich   eingenommen?

Ich   werde   nun   geschliffen,
gewahre, noch verschwommen,
dass ich mich wandeln werde.

Und dies androht mir Leid!
Ab-weh-ren-de   Ge-bär-de
schützt mich noch eine Zeit
vor dem endgültigen Zerfall
selbstmächtig zugerichteter
Identität im   eigenen All.

Und in den Bruch gewichtiger
Verblendungen, die mich gebannt,
durchscheint mein Kern als Diamant.

Durchkreuzende Bejahung pur

Und ich gewahre wie im Traum:
In den von allen Lehren entleer-
ten Raum des Kelches strömt
mir Bejahung pur, die ich
solange schon ersehnt.

Doch wie ertrage
ich sie
nur,
die
so
be-
glückende
Durchkreuzung
all` meiner Lieblingssichten
bejahten und durchlösten Lebens.

Gegenwärtig leben!
Oder:
Jederzeit Jetztseits

„Gegenwärtig leben!"
Es gilt jederzeit.
Weder an der Zukunft kleben
noch an der Vergangenheit.

Denn wenn beide sich
dem Jetztseits nicht vererben,
werden sie - sich selbst verhaftend -
jenes Leben nur verderben.

Doch wenn sie dem Jetztseits
dienend sich verdingen,
werden sie die Gegenwart
leuchtender zur Blüte bringen.

*(Angeregt durch
einen Text von Karl JASPERS:
„Jederzeit gilt: Gegenwärtig leben, weder
an Vergangenheit noch an Zukunft sich verlieren.
Wenn beide die Gegenwart nicht steigern, verderben sie sie."
In: Der philosophische Glaube angesichts der Offenbarung,
München 1962, 1984 3.Aufl., S.428)*

Dazusein

Und wer
in der Vergangenheit
präsent war je zu seiner Zeit,
der ist für uns noch nicht vergangen.

In seinem Leben, da anklangen
die Weisen, jetztseits dazusein.

Nur darin ist er uns präsent!

Nur damit wird er zum Präsent
für uns - jetzthier und allezeit.

Der Landstreicher von Nazareth
oder
Jeschuanische Präsenz

Wer auf den Nazarener sich beruft,
der darf doch keine Herrschaftskirche gründen!
Denn in ihr wird er ihn nicht wiederfinden,
auch wenn er ihn als Gottessohn einstuft!

Der liebestolle Landstreicher von Nazareth,
durchglüht von seiner Gottesleidenschaft,
er wollte nicht, dass man ihn gläubig nur begafft
und ihn verklärt auf klerikahlem Totenbett.

Die liebende Präsenz hat er verkündet,
sie komponiert als einen Papa-Gott,
der allpräsent und liebend sich verbündet
mit dem Lebendigen und wider allen Trott.

Sein radikaler Aufrichtungszuspruch,
er bleibt gefährlich für alle Herrschafts-Cliquen.
Auch wenn sie immer wieder in den Tod ihn schicken:
Er aufersteht erneut aus dem Zusammenbruch.

Wer auf den Nazarener sich beruft,
wie kann der eine Herrschaftskirche gründen?
In ihr wird er ihn niemals wiederfinden,
auch wenn er ihn als Gottessohn ausruft!

Der Landstreicher von Nazareth
oder
Jesuanische Präsenz

Wer auf den
Nazarener sich beruft,
der darf doch keine
Herrschaftskirche gründen!
Denn in ihr wird er ihn
nicht wiederfinden,
auch wenn er ihn
als Gottessohn
einstuft!

Der liebestolle Landstreicher von Nazareth, durchglüht von seiner Gottesleidenschaft,
wollte nicht, dass man ihn gläubig nur begafft und ihn verklärt auf klerikalem Totenbett.
Die liebende Präsenz hat er verkündet, sie komponiert als einen Papa - Gott,
der allpräsent und liebend sich verbündet mit dem Lebendigen und wider allen Trott.

Sein radikaler
Aufrichtungszuspruch,
er bleibt gefährlich für
alle Herrschafts-Cliquen.
Auch wenn sie immer
wieder in den Tod ihn
schicken:
Er aufersteht erneut
aus dem Zu-
sammen-
bruch.
Wer
auf den
Nazarener
sich beruft,
wie kann der eine
Herrschaftskirche gründen?
In ihr, da wird er ihn nicht wiederfinden,
auch wenn er ihn als Gottessohn ausruft!

Welch` abgrund-
tiefer Irr-
tum!

Schon
ahnst Du
sie wohl irgendwie,
die Grössere Anwesenheit.
Dich ihr zu nah`n, bist Du bereit,
doch stellst Du ihr Bedingungen.

Nach Deinem Spiel soll sie sich
Dir gefiltert offenbaren hier in
den geglaubten Stimmungen.
Welch` abgrundtiefer Irrtum!

Die Grössere Anwesenheit,
sie zeigt sich nicht-bedingt, be-
freit von allem religiösen Joch.

Der Himmel lässt sich nicht von
Dir in Deinen Kopf einwecken!
Den Kopf, den kannst Du aber
doch wohl in den Himmel stecken!

Neu-Anfang

Nochmal
völlig neu anfangen!
Ohne der Vergangenheit
im Erneuten anzuhangen:
Dazu bin ich jetzt bereit!
Alles hinter mir zu lassen,
auch die Zukunft, die mich
zieht, das ist, was mich
jetzt umfassen will,
was in mir erblüht!
Jetztseits immer
wieder neu
Auferstehen-
vor-dem-
Tode
wider
jede

flücht`ge
Mode: Weizen
trennen von
der Spreu!

Sei doch nicht nur normal!

Sei doch nicht nur normal!
Und streichele die Seelen
der Gegner und
Deiner
Feinde auch
in Deiner Fantasie,
so dass der Hass sich Dir
entzieht und ihre Bilder in Dir
sich freundlicher gebärden.
Denn nur so werden Dir
jene Kräfte auch geboren,
in denen Du gegoren,
verwandelt wirst,
dem Gegner
und dem Feinde
durchlöster zu begegnen,
um so vielleicht die Gegner-
schaft ein wenig zu entfeinden
und auch so manche Feind-
schaft um Grade zu entgegnern.

Hin zu neuer
Ehrlich-
keit

Lass
einfach
Dich berühren
von neuer Ehrlichkeit.
Sie wird Dich wohl entführen
aus schützender Verlogenheit.

Sie lässt Dich manches kosten
von ihrem bitter-klaren Wein.
Doch wird sie Dich entfrosten
aus   innerstem Gefroren-Sein
und wird Dich dann entrosten
vom angemaßten Heiligenschein.

Sie wird mit ihren Tänzen aus
knorriger Verborgenheit Dich
Schritt um Schritt ent-
grenzen in federnder
Lebendigkeit.

Umkehrweichen (Lied)*

Schon erreichen uns die Zeichen
einer strengen Wandlungskur.
Wir entwinden uns den Sünden
unsrer Wucher-Wahn-Kultur:

Der Verrohung und Bedrohung
auf maßloser Kahlfraß-Tour.

Wenn die Zeichen uns jetzt erreichen
und die Umkehr, sie kommt pur,
werden wir uns wohl umwenden
und der Planet wird nie verenden
in einer selbstgewählten Untergangstortur!

(* Lied mit Noten und Akkordsymbolen siehe Anmerkung Seite 124)

EIS-ZEIT C

Schonungslose Schonung

Und wider Meinen-Besseren-Willen
such` ich mich wieder nur zu schonen,
obwohl ich tief in mir, im Stillen schon
weiß, es wird sich doch nicht lohnen,
den Widerständen auszuweichen,
die mir das Leben jetzt
bereitet.

So werde ich wohl nur erreichen, dass
mir mein Freisein schnell entgleitet
und ich so ein Gefangener bleibe
der kuschelweichen Selbst-
verwohnung
und
mich nur
süchtig weitertreibe
in jene schonungslose Schonung.

Weissen

„Ich
weiss,
worum es geht!"
sagst Du. Doch weiss ich nicht,
wie weit Du weisst,
wie weit Du
schwärzt.
Mir graut vor
Deiner Tönung.

Wer sich ein Beinchen stellt

Du bist wie eine Springerin,
die große Höhen überspringt.
Du bist eine Bezwingerin,
die noch mit ihrem Schatten ringt.

Hast Du den Höhenwert bezwungen
und winkt Dir schon der Siegerhut,
verlässt Du häufig Deinen Mut.

Die Latte hast Du übersprungen!
Doch greifst Du nach ihr, reißt sie mit.
Der Sprung, er ist Dir nun misslungen.

Und Du beklagst Dein Missgeschick.
Du hast es immer schon gesagt!
Egal, was Du gemacht, gewagt:
Im Leben hast Du doch kein Glück!

Wer sich ein Beinchen stellt, der fällt!
Die Schuld daran trägt nicht die Welt!

Stiften gehen oder
sich spitzen
lassen?

Er
driftet ab,
der stumpfe Stift!
Er hat sich ausgeschrieben!
Er überlässt sich seiner Drift!
Er hat sich auf-ge-rie-ben!

Er ist ganz ohne Frage
wohl kaum noch in der Lage,
dem Leben sich, dies zeugt sein
Treiben, noch konturierter zu verschreiben.

Ins kuschelweiche Stummelsein
will er bloß nur noch stiften geh`n,
anstatt der Krise sich zu stellen,
und sie so trotzdem zu besteh`n,
in dem er sich neu spitzen lässt
von allem Lebensstiftenden.

Helfer-
schaden bei
Helfereskapaden

Du bist ein falsches Luder!

Mit aufgesetzter Freundlichkeit

läufst Du längst aus dem Ruder.

Es ist jetzt allerhöchste Zeit, dass

Du erkennst, wie sehr Du Dich

verrennst mit Deinem Lebensstil,

in dem Du Dich so meisterlich ver-

blendest in dem Herrschaftsspiel

mit Dir und Deiner Mitwelt,

die nicht mehr lange still hält

bei Deinen Helfereskapaden.

Sie anrichten nur Helferschaden.

Sich doppelt selbst versehrt!

Ein Mensch begehrt die Nachbarin!
Mit ihr im Bett wär` ein Gewinn
an Lust und Lebensqualität. Doch
leider kommt der Mensch zu spät!

Die Nachbarin hat einen Mann,
den sie nicht einfach lassen kann.
Und auch der Mensch hat eine Frau!
Deshalb weiß er ja ganz genau:

Sein Wunsch führt hin zum Ehezwist.
Drum greift er zu der feigen List,
sich in die FUNtasie zu hüllen
und nur in ihr sich abzustillen.

Doch ist die Nachbarin im Garten,
dann kann er es nicht mehr abwarten.
Er stürmt hinaus und weidet sich
an ihrem Anblick höchst genüßlich!

Heut` hat er nun beim Wollustweiden
so arg und tief gelitten,
dass er sich just beim Büscheschneiden
in eine Hand geschnitten.

Jetzt komm` ihm nicht noch mit Moral!
Es reicht ihm seine Doppelqual:
Weil er die Nachbarin begehrt,
hat er sich doppelt selbst versehrt!

(In Memoriam Eugen Roth)

Verblödung der besonderen Sorte

Um im-
mer klug ge-
schissen zu haben,
dazu müssen die
Besserwisser
geistige
Alles-
fresser sein.
Das nennen sie
dann   Bildung!
Für mich ist es
Verwilde-
rung!
Verblö-
dung der be-
sond`ren Sorte
auf dem Niveau
der großen
Worte!

Und ins vertraute
Jammern
flieht!

Wer sich

ein Beinchen stellt, der fällt!

Die Schuld daran trägt nicht die Welt!

Auch wenn er meint, die Schwerkraft wäre

der wahre Grund für die Misere,

darin den Übeltäter ortet,

der seinen Fall verantwortet,

hat er ihn doch nur selbst verschuldet,

auch wenn er diese Sicht nicht duldet,

und die Bedingungen verflucht,

in denen es ihn heimgesucht,

sich der Verantwortung entzieht

und ins vertraute Jammern flieht.

Eisig Einsam

Dir selbstgefallend haust in
Deinem Herzen ein Gefrieren,
das Dir aus flücht`gem Dunste
Eisblumenwelten formt, in denen Du
der Kaiser des frostigen Geschehens bist.

Doch wehe, wenn die Welten tauen
und Dich ein laues, zartes Wehen
vom Kaiserthrone schmilzt!
Wie wird Dir dann vergehen
Dein eisiges Gekaisere?!

Ob Du Dich
wiederfinden wirst,
herausgetaut, herausge-
traut aus schuldiger Vereisung,
im Miteinander - Sonnenreich?

Ge-
fallen finden

Wer

an

sich

selbst

nur noch

Gefallen findet,

der findet sich schon bald

nur noch gefallen

vor!

Unter Egoisten
oder
Sich-eln

Ich michel mich
Du dichelst dich
Er, Sie
Es
sichtelt sich
Wir unseln uns
Ihr euchelt euch
Sie sicheln sich

Lied: *Wir sind doch alle kleine Egoisten**

1. Str.: Wir sind doch alle kleine Egoisten!
 Ja, das liegt uns so im Blut.
 Wir sind doch alle kleine Egoisten!
 Und wir strampeln mit der Flut:

2. Str.: Wir sind doch alle kleine Egoisten!
 Dazu braucht es nicht viel Mut.
 Wir sind doch alle kleine Egoisten!
 Darin nisten wir sehr gut.

3. Str.: Wir sind doch alle kleine Egoisten!
 Aber groß ist unsere Zahl.
 Wir sind doch alle kleine Egoisten!
 Doch wir tarnen uns sozial.

Refr.: Ich michel mich!
 Du dichelst Dich!
 Und er, sie, es
 sichelt sich!
 Wir unseln uns!
 Ihr euchelt euch!
 Und sie, sie sicheln sich!

(* Lied mit Noten und Akkordsymbolen siehe Anmerkung Seite 124)

EYES-Zeit C

Umkehr als Notwehr

Nun ziehe Dich tagtäglich mehr
als Eigenschutz aus dem Verkehr
und wandle dann, im Übergang
erwachend, mit DIR selbst umher.

Gewahre ES und lausche quer,
um das, worum es wirklich geht,
nicht zu umgehen. Und wenn
ES Dich ganz MIT-DIR trifft,

so wird es Dich ver-wan-deln,
damit in Umkehr Du nicht
mehr verquer nur noch
nach Wohlstand strebst
und für Dich selber lebst.

Fichten-Gleichnis
oder:
Befreiter leben!

Ich saß im Wald auf einer Bank,
genoss die würzige Natur.
Und es erfüllte mich ein Dank,
es streichelte mich LEBEN - PUR.

Da sah ich rechts den Fichtenwald,
gepflanzt als Mono-Holz-Kultur.
Ein Schauder überfiel mich kalt,
ein Gleichnis-Schrecken mich durchfuhr.

Der hochmodern(d)e Lebensstil
stand gleichnishaft vor meinen Augen:
Uns für Profite auszulaugen
als tödliches Gesellschaftsspiel!

Die Fichten überlebten nur
durch Wettkampf um die Höhenluft.
Die Kronen ragten aus der Gruft
der abgestorb`nen Astkultur.

Der-Höher-Größer-Schneller-Wahn
verführt uns in den falschen Traum,
verwuchert uns den Lebensraum:
Wir enden auf der Todesbahn!

Die Fichten haben nur die Qual,
verkümmert möglichst hoch zu streben.
Doch uns bleibt immer noch die Wahl:
Wir soll(t)en, könn(t)en, dürf(t)en auch,
wenn wir es woll`n: Befreiter leben!

Neugeboren

Für den Roten ist das Grüne
selbst-ver-ständ-lich   braun,
ohne dass er es bemerkt, wie
sie sich von selbst verfärbt,
seine Wahrnehmung.

Hält er inne und gewahrt,
wird er seine Täuschung ahnen.
Und so aufmerksam geworden,
wird es ihn schon bald entwahnen,
bis sich Braunes grünlich färbt,
er im weiteren Gewahren
sich als Rotgeboren erbt.

Dem
Röteln-
den entwichen

Wenn ich - als Rötelnder -
für einen kurzen Augenblick
das Grün als Grün gewahre,
und es mir nicht sofort verfärbe
in rö-teln-de Ver-bräu-nung,
bin ich in diesem Augenblick
den Rötelnden entwichen
in eine egofreie Sicht
der ganzen Farben-
wirklichkeit.

Farbengleichnis

Das
Rote, rötelnd,
schaut sich selber nicht!
Und es gewahrt das And`re
nur in rötelnder
Verwand-
lung.

Und
glaubt,
dies sei die Welt:

Gelb wird Orange und Blau zu Violett, und
Grün, ihr Gegenpart, erscheint verdunkelt Braun!
So komponiert das Rote sich die eig`ne Welt
und hält sie - ungewusst - für die All-Einzige.

Erst wenn das Rote sein Röteln stillt
und vortritt in das EINE - Licht,
wird es sich seiner selbst gewahr
und schaut den lebenslangen,
doch konstruktiven Irrtum,
der seinem Röteln
das Überleben gab.

Und nun,
im EINEN-Licht,
gewahrt es jetzt die
Partituren vieler Welten,
die blüten - blätter - gleich
die EINE - GEGENWART
im Kanon ihrer Gleichnisse
farblich getönt besingen.

Licht-Blick

Im Wellenblick auf`s ganze Licht
erschaust Du nur die Wellenbah-
nen, zerstörst Dir die Partikel.

Und richtest Du partikelwärts
Dich aus, so zeigt sich Dir
die Wirklichkeit des Lichtes
aus-schließ-lich als Partikel.

Vernichtet ist die Wellensicht!
Willst Du das ganze Licht erschauen,
so darfst Du Deinem Blick nicht trauen.

Es reicht nicht aus, ihn auszurichten
auf jene Wirklichkeit des Lichtes.
Vielmehr sollst Du Dich aufrichten:

Nur so wird Dich
das ganze Licht durchlichten!

Parmasanides oder Alles Käse!

Ein Papyrus, den man fand,
als Fragment schon stark zersetzt,
aus dem alten Griechenland,
wird als Sensation geschätzt.

Denn er stammt noch aus der Zeit
jener Vorsokratiker
von einem Asthmatiker
namens Parmasanides.

Seine Botschaft: „Alles Käse!
Riecht zwar übel, aber schmeckt!"
Jung hat er sie ausgeheckt,
diese umwälzende These!

Sie wird unsre Sichten ändern,
unser Bild vom Lebenführen,
von der Mitte zu den Rändern
unser Dasein transformieren.

„Alles Käse, was so ist!
Es stinkt mächtig, aber schmeckt!"
Parmasanides entdeckt uns
die Vereinigung im Zwist!

Neueste Forschungen beweisen,
dass der Name Parmasan
für den Käse, den wir preisen,
wohl entlehnt ist von dem Ahn,
unsrem „Käse-Philosophen"
namens Parmasanides.

Ein besonderer Tag

Es war schon ein besonderer Tag
in meinem antastbaren Leben. Am
Morgen traf mich herber Schlag,
ein Stich, ein Seelenbeben.

Die ungeraechte Anklage.
ich würd` zu wenig arbeiten,
zerstörte mir die Seelenlage,
trieb mich in aufgewühlte Weiten.

Am Abend kam der andere Pol:
Aus meiner Klientel ein Dank
für meinen Einsatz! Ach, wie wohl
war mir dabei nach dem Gestank

des Morgens. Unbezahlbar
sei das, was ich für sie getan
zur Förderung ihrer Lebensbahn.
Der Widerspruch war offenbar.

Die Gegensatzvereinigung
erlebte ich besonders stark.
Sie löschte alle Peinigung:
Es war schon ein besonderer Tag!

Positives Denken?

Es nennt sich positives Denken
und denkt doch gar nicht positiv!
Sein nivellierendes Verrenken
führt letztlich nur ins Lebenstief!

Die Spannung, die im Gegensatz
sich zeigt, wird schleunigst weggedacht.
Die Mitte der Vereinigung
von Gegensätzen wird verlacht.

Doch nur aus jener Mitte quillt
das Gegensatz-Vereinte-Plus,
kein positiv gefärbtes Minus,
mit dem sich jenes Denken stillt,
das sich das positive nennt
und sich doch selber nur verrennt,
ganz positiv im Negativen.

Positives Denken?

Es

nennt   sich

positives Denken

und denkt doch

gar nicht positiv!

Sein   nivellierendes

Verrenken   führt   letztlich   nur   ins Lebenstief!

Die Spannung, die im Gegensatz sich zeigt, wird schleunigst weggedacht.

Die   Mitte   der   Vereinigung   von   Gegensätzen   wird   verlacht.

Doch nur aus jener Mitte quillt das Gegensatz-Vereinte-Plus,

kein   positiv   gefärbtes   Minus,   mit   dem   sich

jenes   Denken   stillt,

das   sich   das

positive nennt

und   sich   doch

selber nur verrennt,

ganz   positiv im   Negativen.

Die Gunst der Stunde

Die Gunst der Stunde, die Ihr preist,
sie ist nur buntgefärbter Dunst.
Wer orientierungslos vereist,
dem wollt Ihr mit Verneblungskunst
verschleiern, dass er - selbstverwaist -
lebendig schon begraben ist.

Was ist das bloß, das Euch zerfrißt?
Zeit wird es, dass der Schleier reißt
und Ihr im Spiegel dann erkennt,
was Euch in die Verblendung treibt,
in der Ihr selber Euch zerreibt
und Euch nur immer mehr verrennt.

Das wird die Gunst der Stunde sein!
Sie wird vom Dunste Euch befrein!

Lied: Wem willst Du Dich anvertrauen?*

Refr.:   *Nebel-Lichter! Nebel-Dichter!*
  Wem willst Du Dich anvertrau`n?(2 x)

Str. A: *Nebel-Dichter schenkt Dir bunte Nebel,*
  kannst damit Paläste bau`n,
  kannst Dich schmücken
  und wirst andere Vernebelte entzücken.

Refr.:   *Nebel-Lichter! Nebel-Dichter!*
  Wem willst Du Dich anvertrau`n?(2 x)

Str. B: *Nebel-Lichter fordert von Dir bunte Nebel ein.*
  Raubt Dein Wohnen Dir im Dunste,
  lichtet allen faden Schein.
  Und entsorgt Dich Nebelnächten,
  will Dein LEBEN Dir erfechten,
  will ohn` Wenn und Aber
  Dein Belichtet-Sein.

  Und nun wähle, und nun wähle:
  Welche Richtung schlägst Du ein?.

(* Lied mit Noten und Akkordsymbolen siehe Anmerkung Seite 124)

Worum geht es eigentlich?

Frage-Tour,
Stur-in-Spur, nach
dem Warum im Drum-Herum.
Und es dröhnt schweigende Verhöhnung.

Frage-Kur,
Spur-in-Spur,
mit dem Worum
des Drum-Herum.
Und es tönt stillende
Versöhnung.

Fristlos entlassen

Manches Mal,
da werde
ich
fristlos
entlassen
aus dem Frust!

Wach und präsent/Präsent

Und wenn Du wach bist und
präsent verändert sich das
Welt-Gesicht. Du schaust in
jedem Welt-Event, was in
ihm leuchtet, transparent
wirst Du für seine tiefste
Schicht. Die Welt
erscheint auch als
Präsent in aller
Gegensätz-
lichkeit.

Aus
ihrer Mitte
tönt ein Raunen:
Ach, lass Dich los
und sei bereit für eine
jetzt - geschenkte Zeit. Und
ohne Ende wirst Du staunen!
Denn stärker ist`s trotz allem Leid,
das Dich all~täg~lich neu umlauert
und Dir so manchen Tag versauert.

Im Staunen le/e/h/rt Dich Heilsames,
befreit Dich aus dem (D)Eingedrehten.
Es zieht ein sanft Erbarmendes
herauf und will Dich nun vertreten.
Du wirst von ihm zum Tanz gebeten,
zum ursprünglichen Heilungstanz,
und bald schwingst Du in Resonanz
und wirst bei diesem Tanz-Event
für alle anderen zum Präsent.

Im Staunen bin ich freigesetzt

UND plötzlich schneit es und ich staune,
wie zart und sanft die Flocken fallen.
Und schon hör` ich in mir Geraune,
ein ankommendes Widerhallen
von kindlichen Erinnerungen
an winterliche Freudenzeiten.
Die Sehnsucht ist mit an-
geklungen. Sie will ins
Kindsein mich verleiten.

UND plötzlich sehe ich den Schnee
im Lichte dessen, der den Geh-
weg fegen muss und ihn bestreuen,
damit auch niemand nach dem Schneien
im Gehen ausrutscht, sich verletzt.
Schon wird das Schnei`n neu eingeschätzt
als winterliche Last, die bindet
und mich mit Zusatz-Arbeit schindet.

UND plötzlich wird es mir bewusst:
Nach Winterfreuden, Winterfrust
seh` ich es einfach nur noch
schneien und staune.
Die Erinnerung
und auch meine Verantwortung
könn`n mir das Staunen nicht entweihen.
Es öffnet sich Mir - Hier - und - Jetzt.
Im Staunen bin ich freigesetzt!

UND plötzlich ist mir offenbar:
Von der Erinnerung gebannt
und nur der Zukunft zugewandt
vernebeln wir, so wird mir klar,
was immer ist - im Augenblick,
der sich uns überraschend schenkt:
Im Staunen ungeahntes Glück,
das uns im Jetztseits neu umfängt
als - das - Präsent, - präsent - zu - leben.

Im Dank

Sieh da! Ein Kelch!
Ein Trank dem Durst.

Nimm hin und trinke,
Schluck für Schluck
und Glück auf
Glück.

Im
Dank
reichst Du
den Kelch zurück.

ICH BIN DANK

Im Danken
werde ich präsent:
Ich tanke mein Präsentsein.
Ich danke ab im Gegenwind,
entsage mich dem falschen Schein.

Im Danken werde ich präsent.
Es lichten sich die Nebelschwaden.
Und ich erblick` den Lebensschaden
in allem egohaften Trend.

Im
Danken bricht
mir die Verblendung.
Die **WIRKLICHKEIT**
IST
ein
PRÄSENT!

Sie schenkt sich uns, wenn auch dezent,
in überquellender Verschwendung.

Im Danken werd` ich ein Präsent:
Ich tanke das Präsentsein und
werde nunmehr transparent
für den präsenten
Lichtschein.

Ihm gelingt, was keiner glaubt!

„Der Hexer" wird er dort genannt,
weil er beim Pferdebändigen
mit offenem Herzen, sanfter Hand
versucht, sich zu verständigen
mit eingefang`nen wilden Pferden.

Und ihm gelingt, was keiner glaubt!
Mit sanften, zärtlichen Gebärden,
so nähert er sich und so raubt
den Pferden er die Angstbeschwerden.

Bis der Durchbruch dann gelingt,
er sich in den Sattel schwingt,
ohne selbst sich zu gefährden.

Er bändigt sie mit Herzlichkeit,
mit seiner Sanftmut und Geduld.
In stetiger Gewaltfreiheit
bezähmt er sie im Herzenkult!

Groß ist die Zahl der Pädagogen
- natürlich auch der Theologen -
die uns um diesen Kult betrogen!

Besuch bei einem Sterbenden

Und

durchlösend umschart

Dich die EINE-GEGENWART.

Aus Deinen Blicken fließt

ein Erquicken,

sanftes Durchschauen, das alles Grauen im Augenblick bannt.

Dir helfen wollt` ich, doch heilsam warst Du.

Hast mich getröstet, der Du geröstet

wirst hin zum all-lichteren

Land.

Wollte mich

schenken und ging

S E L B S T - beschenkt

von dannen mit Dir und Mir.

(Für Clemenz, der mit 23 Jahren an Krebs starb)

Traum vom Sterben

Heut` Nacht erträumte ich mein Sterben.
Mein Lebenslicht erlosch: Ich starb!

Und langsam schwand ich,
ließ die Erben zurück.
Und mich umwarb
ersehntes Wissen
um (m)ein Ende
in allem weltlichen Gehege
und um die endgültige Wende
ins Jetztseits ohne Einzel-Wege.

Und es erfüllte mich mit Dank
und nie gekannter Seligkeit.

Die Welt gewann ein lichtes Kleid.
Das Leid, das Grauen, es versank!

∘ ∘ ∘ ∘

**Es ist, als ob die Blende bricht!
Am Ende sind wir alle licht!**

Traumbegegnung mit einer Toten

Ich hab` von Dir geträumt
nach Deinem frühen Tod.
Im Traum hast Du gelebt
diesseits von aller Not.

Und hast gelacht und Dich gefreut,
als ich Dir nahe kam.
Hast mir gesagt, dass Dich auch heut`
der Tod nicht von Dir nahm.

Ich weiß, es ist ja nur ein Traum,
der mich wohl trösten soll.

Doch scheint durch seinen Bilder-Raum
ein Lebewohl, das mir den Groll
und auch die Trauer mindert.

Ich weiß nicht, von woher es quoll:
Mir ist die Würglichkeit gelindert!

(Für Sarah, die mit 16 Jahren plötzlich starb)

Lied: Memento Mori*

*Wenn Du in beruhigten Zeiten
schon das feine Läuten hörst,
das sich andere vorbereiten,
in denen Du geläutert wirst,
bist Du viel bewusster Dir
und all` Deiner Lebenskreise,
lebst noch aufmerksamer hier
und jetzt, findest eine Weise
immer grüner Achtsamkeit,
für all` das, was lebt und stirbt,
triffst in Unverfügbarkeit das,
was um Dein Tiefstes wirbt
und in Deine Endlichkeit
Urlebendiges
entbirgt.*

*So wird es auch in ruhigen Zeiten
Dich durch Oberflächlichkeiten
auf geheimen Bahnen leiten
und - worum es geht -
Dich weiten.*

(* Lied mit Noten und Akkordsymbolen siehe Anmerkung Seite 124)

Epilog

Wider allen Augenschein

Es dämmert schon,
ein Übergang kündigt sich an:
Ein Untergang uns überfällt,
ein Untergang von alledem,
was uns bisher in Atem hält.

Es dämmert schon,
ein Übergang kündigt sich an:
Im Aufwachen, noch traumvergoren
die Ahnung vom Zusammenbruch,
von vielem, was wir auserkoren.

Es dämmert schon,
ein Übergang kündigt sich an:
Es schimmert uns ein dunkler Glanz
durch die zukünftigen Gewalten,
lockt uns zu ungeahntem Tanz.

Es dämmert schon,
ein Übergang kündigt sich an:
Ein Übergang uns widerfährt,
ein Übergang zu dem, was währt,
was wider allen Augenschein
sich nähert und uns nährt.

Bisher in der Reihe Edition LOS erschienen:

(Leseproben bei BoD – www.bod.de und einige Hörproben auf meinem YouTube-Kanal „Lasse Los" unter dem jeweiligen Titel)

Band 1: **Lasse Los: Im Staunen bin ich frei gesetzt**
Gedichte, Lieder, Texte 2001 - Neuauflage 2016 -
BoD Norderstedt   *Hörproben auf YouTube*

Band 2: **Lasse Los: Verwundert**
Heilsames Misslingen - Testlauf in der Kunst des
Scheiterns - Gedichte und Briefe 2001, erweiterte
Neuauflage 2016 - BoD Norderstedt

Band 3: **Lasse Los: *R*-AUSGEFLOGEN**
Ein bunter Abgesang auf einen Kreuzweg in und aus
der real existierenden Kirche!   Texte, Gedichte und
Briefe - erste Version 2001 - erweiterte Neuauflage
2016 - BoD Norderstedt

Band 4: **Lasse Los: Seid ihr noch zu retten?**
Tiefenökologische und spirituelle Gleichnisse als
Music-Textivals - 2001 - erweiterte Neuauflage 2016
BoD Norderstedt   *Hörproben auf YouTube*

Band 5: **Lasse Los: Den Umkehr-Blick wagen**
Wort-Bilder und Gedichte - Erstauflage 2016
BoD Norderstedt   *Hörproben auf YouTube*

Band 6: **Lasse Los: ...dennoch JA zum Leben sagen!**
Musik-Text-Collagen zu drei bewegenden tragischen
Schicksalen: Gesine Wagner, Etty Hillesum und
Martin Gray - BoD Norderstedt 2016
*Hörproben auf YouTube unter: „Gesine Wagner:
Im Feuer ist mein Leben verbrannt!"*

Band 7: **Lasse Los: Der GEIST weh(r)t (sich,) wo er will!**
Abgesang im Übergang zum Aufgang - oder: Den
Frommen entkommen - oder: Angewidert abgewandt
Kirchenkritische Gedichte und Texte - Erstauflage 2017
BoD Norderstedt

Band 9: Lasse Los: Jetztseits leben
Jetztseits im Erleben - Jetztseits im Leben - Jetztseits
im Leiden, Gedichte und Texte,
BoD Norderstedt 2020

**Band 10: Lasse Los: ...da muss doch noch LEBEN ins
Leben rein! Liederbuch -** 71 Lieder aus drei
Jahrzehnten mit Noten und Akkordsymbolen
BoD Norderstedt 2017 ***Hörproben auf YouTube
unter: „Bevor es zu spät ist!"***

**Band 11: Lasse Los:
UMKEHRENoder UMKOMMEN?**
Gedichte und Lieder zur aktuellen ökologischen
Weltlage – BoD Norderstedt 2020

Band 12: Lasse Los: Worum geht es eigentlich?
Gleichnisgedichte - BoD Norderstedt 2020

Band 13: Lasse Los: Aufgang im Untergang?
LEBEN im Leben, im Sterben und im TOD?
UND NUN? Gedichte, Wortbilder, Texte,
BoD Norderstedt 2020

Band 14: Lasse Los: Stillende Stille
Still werden - In Stille sein - Gestillt sein -
Stillend sein, Gedichte und Wortbilder,
BoD Norderstedt 2020

Band 15: Lasse Los: Nichts als Worte! ???
Wort-Bild-Galerie - BoD Norderstedt 2020

Band 16: Lasse Los: Kurz und wendig
Aphorismen und Kurzgedichte
BoD Norderstedt 2020

Anmerkung zu den Liedern

In Band 10: Lasse Los: ...da muss doch noch LEBEN ins Leben rein! Liederbuch - 71 Lieder aus 3 Jahrzehnten, BoD Norderstedt 2017, **sind die Lieder mit Noten und Akkordsymbolen abgedruckt.**

Hörproben sind auf YouTube unter:
Lasse Los: „Bevor es zu spät ist!" zu finden.